NOUVEAU VILLAGE

DE

BILLANCOURT.

PARIS,

IMPRIMERIE DE GAULTIER-LAGUIONIE, HOTEL DES FERMES.

1826.

1667.

NOUVEAU VILLAGE

DE BILLANCOURT.

Une Compagnie vient d'acquérir une partie de la plaine située entre la Seine et l'ancienne route de Sèvres. Elle se propose d'y former un village composé de maisons de campagne ; le site y est agréable, la route qui y conduit très-belle : on y est près d'Auteuil, du bois de Boulogne, de St.-Cloud et de Sèvres ; on n'est séparé de Meudon que par la rivière ; tous les environs offrent de jolies promenades, et cette position est une des plus agréables que l'on puisse trouver aussi près de la capitale.

Ce village réunira tout ce qui peut contribuer à en faire un séjour d'agrément ; des rues plantées et bien disposées, une place publique, une église, une belle promenade déjà existante et aboutissant à la rivière.

La Compagnie a, de plus, pris des dispositions qui lui permettront de fournir, dès l'année 1826, la quantité d'eau de Seine que l'on pourra désirer dans chaque habitation.

On se propose aussi d'établir un bac ou un pont communiquant avec Bas-Meudon.

Le village de Billancourt ayant de toutes parts des abords faciles, est cependant assez éloigné de la grande route de Sèvres pour n'être pas exposé à l'inconvénient de la poussière.

Tant d'avantages réunis ne peuvent manquer d'attirer l'attention des personnes disposées à dépenser une somme de 30 à 60,000 fr. pour se procurer une habitation agréablement située.

La Compagnie a divisé les terrains de manière à ce qu'ils puissent être à la portée de toutes les fortunes; et, quant aux constructions, la proximité de la rivière facilite les transports de matériaux qui, pour la plupart, se trouvent à une petite distance, ce qui permet de les obtenir à des prix plus modérés.

L'agrandissement de Paris s'opère dans la direction de l'ouest; la construction de la garre, du pont et du port de Grenelle va donner une nouvelle vie à tout ce qui l'environne; les terrains à Passy, à Auteuil, à Sablonville, à la Folie St.-James, à Boulogne, ont acquis une valeur telle qu'ils se vendent couramment de 25 à 45 francs la toise; l'accroissement de la prospérité et de la fortune publique leur donne chaque jour un plus grand prix.

Les terrains de Billancourt n'ont pas encore atteint à des prix aussi élevés; ils offrent, aux personnes qui voudront en acquérir, la double perspective de jouir d'habitations agréables, et d'obtenir dans peu d'années une augmentation de valeur qui peut facilement s'élever au-delà du double du prix d'acquisition.

La Compagnie prendra en paiements des terrains ses propres actions, à dix pour cent de bénéfice.

S'adresser, pour traiter des terrains, à M. de Gourcuff, gérant de la Compagnie, rue de Richelieu, n° 97;

M. Baudesson, notaire de la Compagnie, rue Montmartre, n° 160;

M. de La Guépière, agent de la Compagnie, rue de Seine, n° 66, faubourg Saint-Germain;

MM. Piron et Duponchel, architectes, rue Montholon, n° 24.

PLAN GENERAL *des environs du nouveau village de* BILLANCOURT

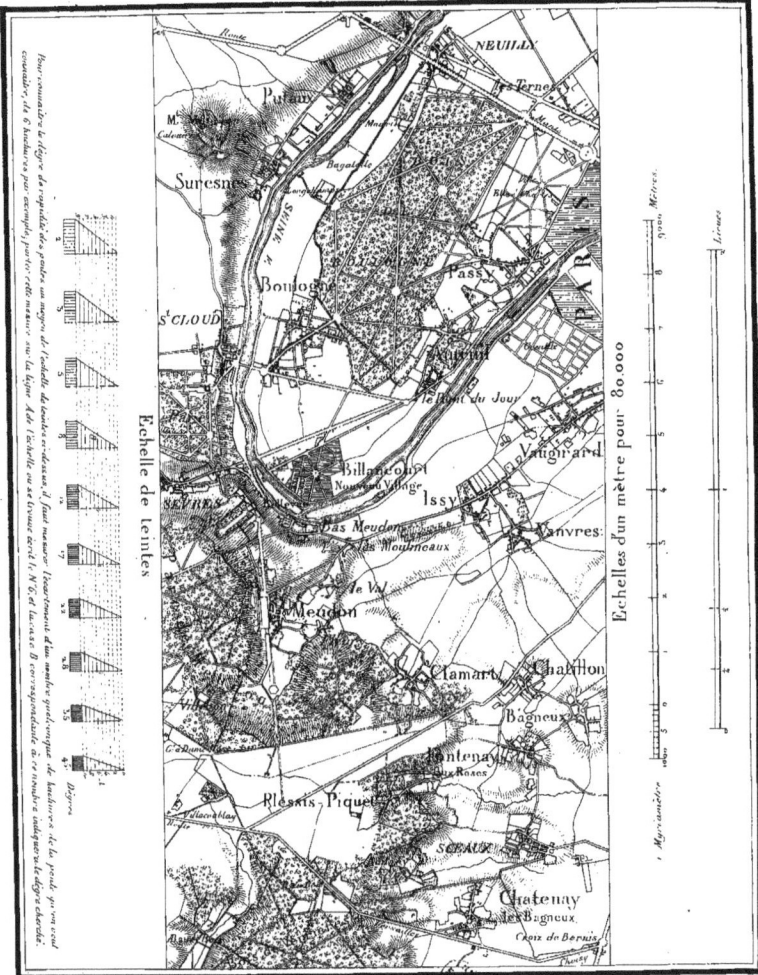

Echelle de teintes

Echelles d'un mètre pour 80.000

NEUILLY

Les Ternes

Puteaux

Suresnes

SEINE

Bagatelle

Boulogne

S.t CLOUD

PARIS

Passy

Auteuil

Le Point du Jour

Vaugirard

Billancourt
Nouveau Village

Issy

SÈVRES

Bas Meudon
Les Moulineaux

Vanvres

Le Val

Meudon

Clamart

Chatillon

Bagneux

Fontenay
aux Roses

Plessis-Piquet

SCEAUX

Chatenay
les Bagneux

Croix de Bernis

Atelier de Desmadryl ainé

Lith.e de Langlumé

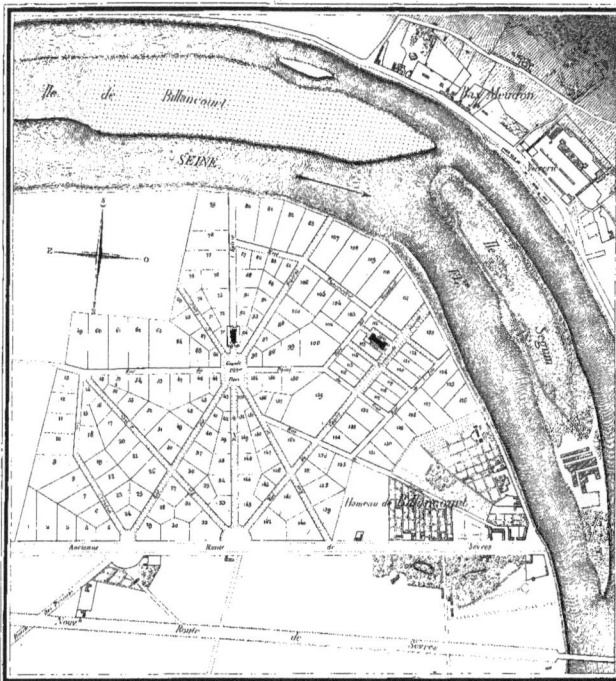

PLAN PARCELLAIRE

DU NOUVEAU VILLAGE

de

BILLANCOURT

Nota. Les Parcelles coties dépendent suites de la propriété.

Tableau de la superficie des parcelles en toises

Ile de Billancourt

Ilot Meudon

SEINE

Hameau de Billancourt

Ancienne — Route — de

Nouv.

Route — de — Sevre

S'adresser à

M. de Govieuff, Rue de Richelieu n°47

M. Beaudouin, Notaire, Rue Montmartre, N° 160

M. Delanquepiroue, Rue de Seine, N° 66

M.M. Pinon et Papouchet, Architectes Rue Montholon, N° 24

Echelles

Atelier de dessin de Desmadryl ainé.

Lith. de Langlumé.